Manfred Mai und Martin Lenz

Fußballgeschichten

Mit Bildern von
Eike Marcus

Ravensburger Buchverlag

Bibliografische Information der Deutschen Nationalbibliothek:

Die Deutsche Nationalbibliothek verzeichnet diese Publikation
in der Deutschen Nationalbibliografie.
Detaillierte bibliografische Daten sind im Internet
über http://dnb.d-nb.de abrufbar.

2 3 4 5 6   E D C B

Ravensburger Leserabe
© 2018 Ravensburger Buchverlag Otto Maier GmbH
Postfach 18 60, 88188 Ravensburg
Umschlagbild: Eike Marcus
Konzept Leserätsel: Dr. Birgitta Reddig-Korn
Design Leserätsel: Sabine Reddig
Textredaktion: Nina Schiefelbein
Produktion & Satz: Weiß-Freiburg GmbH –
Graphik & Buchgestaltung
Printed in Germany
ISBN 978-3-473-36530-2

www.ravensburger.de
www.leserabe.de

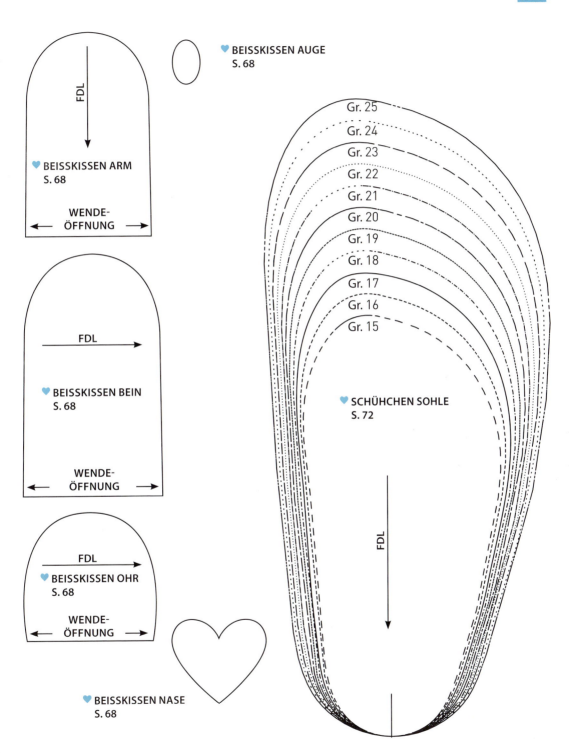

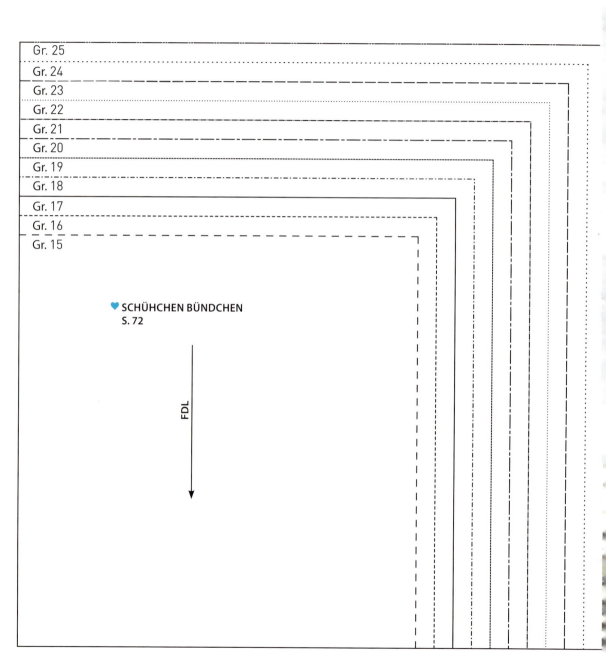

Inhalt

Wir holen den Pokal!   4

Das Schlammspiel   12

Noah und sein Fußball-Opa   20

Emma hat was drauf   30

Wir holen den Pokal!

Die F-Jugend des FV Ravensburg
nimmt am Samstag
an einem großen Turnier teil.
In der Vorrunde
gewinnen sie zwei Spiele,
einmal spielen sie unentschieden.

Damit sind sie Erster
in ihrer Gruppe
und stehen im Finale.

Die Jungen und Mädchen
freuen sich riesig.

„Jetzt holen wir auch den Pokal!",
sagt Miro.

„Dann müsst ihr aber
noch besser spielen als bisher",
erwidert Axel, der Trainer.
„Eure Gegner sind nämlich sehr gut."

„Aber wir sind besser",
behauptet Luca.

„Wichtig ist,
ihre Nummer 6 zu stoppen",
sagt Axel.
„Der Junge schießt
besonders viele Tore.
Das ist deine Aufgabe, Luca.
Du weichst ihm nicht von der Seite!"
Luca nickt. „Alles klar."

In den ersten Minuten
spielen die Ravensburger sehr gut.
Doch dann verliert Kenan den Ball,
die Nummer 6 entwischt Luca
und schießt sofort aufs Tor.

Er will schon jubeln,
aber Linus im Tor lenkt den Ball
mit den Fingerspitzen
gerade noch um den Pfosten.

Nach dem Eckstoß
startet Mia
direkt den Gegenangriff.
Sie passt im richtigen Moment
zu Kenan.

Der läuft noch ein paar Schritte
und schiebt den Ball
am Torhüter vorbei –
1:0 für Ravensburg!

Nun drängen die Gegner
mit aller Kraft auf den Ausgleich.
Doch Linus
lässt keinen Ball mehr rein.

Linus ist der Held des Tages.
Bei der Siegerehrung darf er
den Pokal in Empfang nehmen.
Das ist der schönste Augenblick
für den jungen Fußballer.

Geschafft! Hier kannst du den ersten Sticker einkleben!

Geschichte 1

Das Schlammspiel

Seit zwei Tagen regnet es ohne Pause.
„So habe ich mir den Urlaub nicht vorgestellt", meckert Elias.
„Immer nur im Zelt hocken ist voll langweilig!"

Am Morgen des dritten Tages
verziehen sich die Wolken endlich.
Sofort treffen sich
die Fußballer auf dem Bolzplatz.

„Hier ist es noch viel zu nass
zum Spielen", meint Max.

„Wieso, bist du aus Zucker?",
fragt Elias.
Er hüpft in eine Pfütze,
dass es kräftig spritzt.
„Na los, kommt schon!", ruft er.

„Dann kicke ich aber
in der Badehose", sagt Ben.
Und so machen es alle.

Sie bilden zwei Mannschaften,
und los geht's!
Ben will den Ball zu Elias spielen.
Doch er rutscht aus
und fällt mit dem Bauch voran
in den Dreck.

Sinan holt sich den Ball
und läuft auf das Tor zu.
Bevor er schießen kann,
grätscht Elias von der Seite hinein,
und beide landen in einer Pfütze.

„Pfui Teufel!", ruft Sinan.
„Jetzt bin ich klatschnass!"

„Und dreckig wie ein Schwein",
sagt Elias lachend.
„Das war sowieso ein Foul",
beschwert sich Sinan.
„Das gibt Freistoß für uns!"

Nach einer Weile sind die Jungen
so schmutzig,
dass man sie kaum noch
voneinander unterscheiden kann.

„Kommt, wir gehen baden
und waschen den Dreck ab!",
schlägt Elias vor.

Mit lauten Rufen
springen die Jungs in den See.
Als alle wieder sauber sind,
beginnt die zweite Halbzeit
der Schlammschlacht.

Geschichte 2

Noah und sein Fußball-Opa

Noah hat nur Fußball im Kopf.
Sein großes Vorbild
ist sein Opa Horst.
Der hat früher
in der 2. Bundesliga gespielt.

Heute fährt Opa Horst
mit Noah zum Bolzplatz.
„Mit dir sind wir sieben", sagt Tim.
„Das geht nicht auf."
„Dann soll mein Opa mitspielen",
schlägt Noah vor.

Einige Jungen fangen an zu lachen.
„Der ist doch viel zu alt!",
ruft Tim.

Opa Horst kommt näher.
„Warum spielt ihr nicht?",
fragt er.
„Weil drei gegen vier doof ist",
murrt Tim.

„Genau", sagt Noah.
Er nimmt seinen Opa an der Hand
und zieht ihn aufs Spielfeld.
„Deswegen sollst du mitspielen!"

„Gern", sagt Opa Horst.
„Also gut", murmelt Tim.
Auch die anderen Jungs
sind einverstanden.

Opa Horst spielt
in Noahs Mannschaft.
Schnell führen sie 4:1.

„Das ist unfair!", schimpft Tim.
„Wenn ich gewusst hätte,
dass er so gut ist,
hätte ich lieber mit ihm gespielt."
„Ich auch", meint Jan.

„Vorhin habt ihr ihn
noch ausgelacht", sagt Noah.

„Ich … äh …", stammelt Tim.
Jan wird ein bisschen rot.

27

Damit es gerecht ist,
spielt Opa Horst
nun in der anderen Mannschaft.

Sie holen Tor um Tor auf,
und das Spiel endet 5:5.

„Für heute reicht es",
sagt Opa Horst.
„Jetzt muss ich mich
erst mal ausruhen."
„Spielst du morgen wieder mit?",
fragt Tim.
„Mal sehen", antwortet Opa Horst
und lächelt.

Geschichte 3

Emma hat was drauf

Emma spielt gern Fußball.
Heute gibt es in der Schule
ein Spiel gegen die Jungen.
„Hoffentlich gewinnen wir",
flüstert sie Anna zu.

Die Jungen fassen sich
an den Händen.
Sie feuern sich laut an:
„Abschlag, Angriff, vor,
bald fällt das erste Tor!"

Die Mädchen kichern.
„Genau, und zwar für uns",
spottet Lilly.

Emma sitzt zuerst nur auf der Bank
und ist enttäuscht.
„Na, Emma,
das wird wohl heute nichts",
stichelt Paul.
„Wart's ab!", ruft sie.

Schnell führen die Jungen 2:0.
Wenn ich nur endlich
mitspielen dürfte,
denkt Emma.

Ein Mädchen wird
vor dem Tor gefoult: Elfmeter!
Anna legt sich den Ball zurecht,
nimmt Anlauf, Schuss und Tor!
Das macht den Mädchen wieder Mut.

Und den Jungs geht langsam
die Puste aus.

Endlich wird Emma eingewechselt.
Kaum ist sie im Spiel,
kommt eine Flanke von links.
Emma springt hoch
und erwischt den Ball
mit dem Kopf.

Der Torhüter streckt sich,
kann den Ball aber nicht halten.
„Tor!", jubelt Emma und strahlt.

Gleich ist das Spiel zu Ende.
Es steht immer noch 2:2.

Da bekommt Emma den Ball,
dribbelt damit an Paul vorbei
und schießt das Siegtor.

Alle ihre Mitspielerinnen
rennen auf sie zu
und erdrücken sie beinahe
vor Freude.

Auf dem Weg zurück in ihre Hälfte
ruft Emma: „Na, Paul,
das wird wohl heute nichts!"

Paul fällt dazu
keine passende Antwort ein.
Er ist sprachlos.

Geschichte 4

Leserabe Leserätsel

Rätsel 1

Seltsam, seltsam

Welches Wort stimmt? Kreuze an!

Ben kickt in der
- ○ Badeanstalt.
- ○ Badewanne.
- ○ Badehose.

Opa Horst muss sich
- ○ ausruhen.
- ○ ausziehen.
- ○ ausschimpfen.

Paul ist
- ○ sparsam.
- ○ sprachlos.
- ○ spritzig.

Rätsel 2

Zahlen, Zahlen

Findest du die richtige Seite? Trage die Zahl ein!

Auf Seite ___ steht ein Mal **Minuten**.

Auf Seite ___ steht ein Mal **Freistoß**.

Auf Seite ___ steht ein Mal **Flanke**.

Kreuz und quer

Rätsel 3

Fülle die Kästchen aus!
Schreibe Großbuchstaben:
Tor → TOR

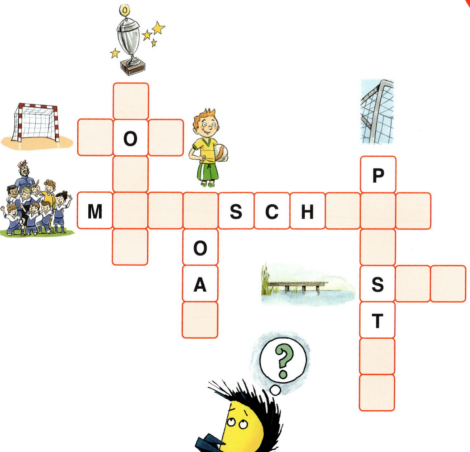

Lösungen
Rätsel 1: Badehose, ausruhen, sprachlos
Rätsel 2: 8, 17, 35
Rätsel 3: Tor, Mannschaft, See, Pokal, Noah, Pfosten

Rätsel 4

Rätsel für die Rabenpost

Was passiert? Fülle die Lücken aus. Trage die Buchstaben in die richtigen Kästchen ein. So findest du das Lösungswort heraus!

Die F-Jugend spielt bei einem

| T | ₃ | | | | | R |

. (Seite 4)

Luis hüpft in eine

| | ₁ | Ü | | Z |

. (Seite 14)

Horst ist Noahs

| ₂ | | |

. (Seite 20)

Emmas Mannschaft bekommt einen

| E | ₄ | | M | | | |

. (Seite 34)

Lösungswort:

| | | | |
| 1 | 2 | 3 | 4 |

42

Rabenpost

Herzlichen Glückwunsch!

Du hast das ganze Buch geschafft und die Rätsel gelöst, super!!!

Jetzt ist es Zeit für die Rabenpost. Wenn du das Lösungswort auf Seite 42 herausgefunden hast, kannst du tolle Preise gewinnen!

Gib es auf der  Website ein

▶ www.leserabe.de,

mail es uns ▶ leserabe@ravensburger.de

oder schick es mit der Post.

Lösungswort:

An
den LESERABEN
RABENPOST
Postfach 2007
88190 Ravensburg
Deutschland

Ravensburger Bücher

Lesen lernen mit Spaß!
In drei Stufen vom Lesestarter zum Überflieger

ISBN 978-3-473-**36531**-9

ISBN 978-3-473-**36547**-0

ISBN 978-3-473-**36548**-7

1. Lesestufe

ISBN 978-3-473-**36534**-0

ISBN 978-3-473-**36552**-4

ISBN 978-3-473-**36550**-0

2. Lesestufe

ISBN 978-3-473-**36480**-0

ISBN 978-3-473-**36509**-8

ISBN 978-3-473-**36536**-4

3. Lesestufe

www.leserabe.de